AF312759

LE VICOMTE RAYMOND
DE PLANTIN DE VILLEPERDRIX

CHEF DE BATAILLON

NIMES

IMPRIMERIE "LA RAPIDE"
6. Rue Dumas

1926

A

Madame la Vicomtesse

Marie-Amélie-Henriette

DE PLANTIN DE VILLEPERDRIX

Hommage respectueux.

*Lectures faites à l'Académie de Nimes,
le 28 Novembre et le 12 Décembre 1924.*

LE VICOMTE

RAYMOND DE PLANTIN DE VILLEPERDRIX

(GUERRE DE 1870-71)

SOUVENIRS INTIMES

Extraits de son « JOURNAL DE ROUTE »

Pendant la guerre de 1870-1871, notre si regretté confrère, le vicomte Raymond de Plantin de Villeperdrix écrivit son journal de route et ses impressions de combattant. Le tout forme un recueil de plus de trois cents pages. J'ai eu la bonne fortune de les lire et il m'a paru qu'elles ne devaient pas rester dans l'ombre.

Pourquoi l'auteur ne nous les a-t-il pas révélées lui-même? Nous les aurions alors écoutées avec tant de charme. N'en a-t-il pas eu le temps? Sa modestie s'y est-elle refusée? Je ne sais; mais il me semble que rappelées dans cette salle qui porte aujourd'hui son nom et se félicite de posséder son portrait, elles le feront quelque peu revivre au milieu de nous. Du reste, pour reconnaître leur mérite et leur importance, il suffira de les encadrer dans l'ensemble des événements d'une campagne, qui fut sans doute des plus malheureuses, mais dont la revanche, grâce à nos héros de la Marne, de l'Yser, de Verdun, a élevé notre chère patrie à l'apogée de sa gloire militaire.

Dans un prologue, le vicomte de Villeperdrix indique clairement le but qu'il se propose: « J'ai cherché à retracer les faits, qui se sont passés sous mes yeux. Je pensais qu'il me serait agréable plus tard, au foyer domestique ou dans une réunion d'amis, de relire le récit des fatigues que nous avons endurées et des combats auxquels nous avons pris part ».

Il ajoute en fils affectueux et reconnaissant:

« Je dédie ces lignes à mes excellents parents. Couché sous la tente, sous la pluie, dans la neige, dans les camps, aux avant-postes, sur le front, je ne les ai jamais oubliés, leur souvenir a été mon meilleur soutien. J'en remercie la providence ».

Le recueil comprend deux parties:

La première rappelle l'enthousiasme du départ, le retour de la victoire, l'opiniâtreté de l'offensive.

*
* *

Quand la guerre fût déclarée à l'Allemagne, le jeune Raymond de Villeperdrix préparait le concours d'entrée à Saint-Cyr.

Il s'engagea aussitôt pour la durée des hostilités au 6ᵉ Bataillon de chasseurs à Arles. Né le 29 octobre 1850 il n'avait pas encore vingt ans. Il dira plus tard: « Etait-ce pour l'honneur, pour la fortune, pour la gloire que l'on prenait les armes? » Il répondra qu'il voulait garder simplement la devise de ses ancêtres *Semper fidelis*, c'est-à-dire toujours fidèle à la Patrie.

Le premier combat eut lieu le 2 août. Le 6, la bataille de Reischoffen livrait l'Alsace. Le 2 septembre, Sedan capitulait. Le 17, les troupes prussiennes encerclaient Paris.

A L'ARMÉE DE LA LOIRE

Le 20 octobre, par décision du gouvernement de la défense nationale, se formait, sous les ordres du commandant Roddes, le premier bataillon de marche qui devait faire partie de l'armée de la Loire. Le jeune de Villeperdrix y est appelé. Nommé caporal à la Fouillouse, il se prépare à monter jusqu'au front. Vient l'heure de départ: « Nous attendîmes, dit-il, pendant plusieurs heures et les pieds dans la boue, le train qui devait nous conduire à Tours. Nous nous mettions en route à dix heures du soir. Le wagon dans lequel se trouvait mon compatriote Jules Sigaud n'était pas loin du mien. Infatigable et très gai, Jules montait sur les voitures, s'amusait à éteindre les lampes, nous tenait éveillés par ses chants pleins d'humour et d'entrain. Nous arrivâmes à Tours à dix heures du matin et on nous laissa, sac au dos, dans la cour de la caserne, encore pendant plus de deux heures. Le 8 novembre, nous nous dirigions sur Vendôme. Les Prussiens venaient de s'emparer d'Orléans. L'armée ennemie qui assiégeait la capitale cherchait à se ravitailler dans les environs et aussi, mais surtout, à empêcher le rassemblement de nos nouvelles formations.

Le général d'Aurelle de Paladines prenait le commandement de l'armée de la Loire. Dans sa première proclamation aux troupes qui lui étaient confiées, il disait: « Ce que je vous demande avant tout, c'est de « la discipline et de la fermeté. Je suis décidé à faire « passer par les armes tout soldat qui ne remplirait « pas son devoir. Quant à moi, si je reculais, fusillez-« moi... »

Disposant du XVe et du XVIe corps, il pouvait essayer de tourner par les deux ailes le général Von der Thann, qui occupait Orléans. Il s'y prépara aussitôt et donna l'ordre de se mettre en mouvement le 11.

Renseigné à temps, le général bavarois prévint le danger qui le menaçait, sortit d'Orléans et prit position autour de Coulmiers.

Là se livra la bataille à laquelle prit part notre confrère le général d'Entraigues (1) : bataille pour nous victorieuse et que le sergent Barail décrit en ces termes :

« Le jour commençait à paraître. Les clairons et
« les tambours retentirent dans le camp. Un brouil-
« lard épais cachait tous les horizons; lorsqu'il se
« dissipa, un spectacle magnifique s'offrit à nos re-
« gards. C'était l'armée française rangée en bataille
« sur deux lignes. A neuf heures trente, un coup de
« canon retentit, le XV° corps attaque, le VI° corps se
« met en marche vers Coulmiers. A midi, nous arri-
« vons devant les jardins qui entourent le village, les
« balles sifflent, les obus éclatent ; au moment où
« nous allons entrer dans Coulmiers, le 7° chasseurs
« est à notre droite et le 331° d'infanterie à notre gau-
« che. Un instant, nous sommes arrêtés, puis repous-
« sés. Le général Barry met pied à terre et jette le cri
« de « Vive la France ». Nous répétons ce cri en nous
« lançant dans le village. Nous nous battons corps à
« corps dans les rues, dans les cours, dans les mai-
« sons. Un colonel d'artillerie, debout sur le tertre
« d'une ferme abandonnée, sa lorgnette à la main,
« calme, tranquille, donne ses ordres ; les mobiles
« de la Dordogne passent en chantant, nous disent
« en leur patois, *addicias*, et volent à la victoire. Von
« der Thann bat en retraite ».

Le bruit du canon avait été entendu à Orléans La nuit venue, la neige qui tombait n'empêcha pas les habitants de se rendre aux portes de la ville. Les

---

(1) Le général d'Entraigues, déjà brillant officier d'infanterie, fait prisonnier par suite de la capitulation de Metz, avait repris sa place de combattant après s'être vaillamment dégagé des lignes prussiennes.

volontaires de Cathelineau leur annoncèrent leur déli-
vrance. Avec les Vendéens, marchaient les mobiles
de la Dordogne; ils traversaient les rues au milieu
d'une population en délire, on jetait des fleurs, les
fenêtres s'illuminaient. Une voix s'écria : « C'est la
France qui rentre! » Mille autres voix redirent: « Vive
la France ! ». A la première heure du jour, Cathelineau et ses soldats se rendaient à la cathédrale pour
rendre leurs actions de grâces au Dieu des armées.

Le général d'Aurelle de Paladines écrivait la lettre suivante : « La journée d'hier a été heureuse.
« Après une longue marche, je me suis porté à la
« rencontre des Prussiens sortis d'Orléans : j'ai at-
« taqué les cinq villages où ils s'étaient retranchés.
« Coulmiers défendu avec acharnement par les Prus-
« siens, est pris et repris. Nous en étions définitive-
« ment maîtres à cinq heures du soir. Pendant la
« nuit, les Allemands ont abandonné d'autres posi-
« tions importantes. Je n'ai pas de félicitations à re-
« cevoir. C'est à Dieu qu'il faut rendre des actions de
« grâces. Puisse-t-il nous continuer sa protection ».

A Versailles, l'état-major allemand ajoutait au com-
muniqué ordinaire une remarque assez suggestive :
« Von der Thann s'avançait résolument à la rencontre de l'ennemi ; il l'a trouvé à Coulmiers. On a re-
connu bientôt que les troupes françaises sont condui-
tes avec plus d'habileté. Le général de Paladines, en
effet, s'est approprié notre tactique. Il a su se servir
des éclaireurs et disposer des colonnes destinés à le
protéger ».

Gambetta félicitait nos troupes en ces termes :
« Soldats de l'armée de la Loire, votre courage et
vos efforts nous ont enfin ramené la victoire. La
France en deuil vous doit son premier rayon d'espérance. Je suis heureux de vous apporter avec l'expres-
sion de la reconnaissance publique les éloges et les

récompenses que le gouvernement décerne à vos succès. Sous la main de chefs vigilants, dignes de vous,
vous avez retrouvé la discipline et la force. Vous nous
avez rendu Orléans. Vous êtes aujourd'hui sur le chemin de Paris, n'oubliez jamais que Paris vous attend,
il y va de votre honneur de l'arracher aux étreintes
des barbares qui le menacent d'incendie et de pillage.
Retrouvez cette furie française et cet élan qui ont
fait votre gloire dans le monde et qui doivent maintenant nous sauver ».

Encouragée par ce succès, l'armée du général de
Paladines se montra prête à entreprendre l'offensive
la plus opiniâtre. Le vicomte de Villeperdrix fut particulièrement heureux d'être appelé à en faire partie.
Son *Journal* nous a conservé le récit de faits qui apportent une large contribution à l'histoire de cette
guerre pendant laquelle l'héroïsme, hélas ! ne cessa
de succomber devant le nombre.

« Que'ques jours après la bataille de Coulmiers,
raconte le vicomte de Villeperdrix, nous arrivons à
Châteaudun. Je ne sais comment exprimer le serrement de cœur que j'éprouvais à la vue de cette ville,
abandonnée de ses habitants.

« Les Prussiens avaient jeté des bombes incendiaires presque dans toutes les rues, beaucoup de maisons étaient devenues la proie des flammes. A peine
quelques pans de murs à demi calcinés restaient debout.

De Châteaudun, nous prenions la route de Fréteval.
Partis à huit heures du matin, nous n'arrivions que
'e soir vers les cinq heures.

« Le 25, à quatre heures du matin, nous nous rangeons en ordre de bataille. On nous donne l'ordre de
porter seulement nos musettes, avec cinq biscuits et
douze paquets de cartouches. Nous suivons d'abord la

route, puis nous marchons à travers champs. Le bataillon se déploie pour escorter l'artillerie. Avec vingt
hommes et deux caporaux, je dois défendre une pièce
de canon. Il faut parfois courir au pas gymnastique
à travers des terres labourées. Nous nous arrêtons un
peu vers les deux heures. J'achète à un sapeur du gé-
nie un morceau de pain gros comme le poing, je le dé-
vore et je bois de l'eau du fossé dans lequel piétinent
les chevaux.

« Assis sur le bord de la route, ma pensée se porte
vers ma famille ; il me semblait que je devais renon-
cer au bonheur de la revoir.

« La colonne se remet en marche, les pièces d'artillerie partent au galop, nous les suivons. Nous arrivons à Brou, à quatre heures. Avec les marins qui
sont à côté de nous, on nous fait déployer immédiatement en tirailleurs. Nous entendons siffler les balles.
Nous nous couchons dans un chemin creux. Là, je
reçois le baptême du feu; la première émotion passée
je ne fais plus attention ni aux balles, ni aux obus qui
pleuvent sur notre petite troupe.

« Notre compagnie, sous les ordres du capitaine
Leureau, s'élance vers le village. Les habitants vien-
nent au-devant de nous, nous accueillent en libéra-
teurs, nous donnent du vin et des vivres, nous appren-
nent que 6.000 Prussiens battent en retraite. Quelques
instants après accourent des cuirassiers et des chasseurs. Une compagnie de zouaves, sous les ordres de
Charette, arrive sur la place. Un de ces zouaves pontificaux, à barbe blanche, petit de taille, conduisait par
la bride un cheval sur lequel se trouvait un bavarois
qu'il avait fait prisonnier. Notre cavalerie s'empare
de 80 voitures, pleines d'effets et de vivres. Nous dé-
passons le village tandis que l'artillerie tire sur l'ennemi en fuite.

« Nous avions fait 51 kilomètres dans la journée,
nous étions harassés de fatigue et cependant on nous

donne l'ordre de nous remettre en marche. Des hommes tombent sur la route, n'en pouvant plus, nous nous engageons très tard dans un bois où nous passons le reste de la nuit.

" Journée pénible, s'il en fût ; celle du 2 décembre ne le fut pas moins. Dès quatre heures du matin, nous étions sur pied. Nous marchons à travers des terres labourées, le sol est gelé, chaque motte fait dévier le pied. Je trouve quelques biscuits dans de la paille : ils trompent un peu ma faim.

" Le canon de Patay se fait entendre. Nous accélérons notre marche. Nous arrivons avec le 17⁰ corps, au moment où le 16⁰ commence à fléchir ; c'est midi et demi, le combat reprend de plus belle, nous nous avançons en colonne, compagnie par compagnie. Je vois un cheval debout au milieu du champ de bataille, immobile, le front percé d'une balle. Des obus tombent à peu de distance de notre bataillon. Dix mitrailleuses criblent de balles une colonne de cavaliers prussiens qui se disperse... Nous continuons à nous porter en avant avec un bataillon de zouaves pontificaux. "

C'est alors, raconte l'abbé Bougaud, que le général de Sonis franchit au galop la ligne de feu. Il se rend bien compte qu'une retraite serait désastreuse. Il faut à tout prix arrêter les Prussiens ; il est quatre heures, un nouvel effort sur Loigny, centre de la résistance, peut encore décider en notre faveur du succès de la bataille.

De Sonis pense que le moment est venu d'arborer le drapeau du Sacré-Cœur et, tout frémissant, il s'élance vers les volontaires de l'Ouest qui attendaient leur tour de combat.

Bien alignés, aux cris de « Vive la France ! », « Vive Pie IX ! », baïonnette au canon, ils partent au pas de course.

Le commandant de Troussures se jette au cou du général en lui disant : « Que vous êtes bon de nous mener à pareille fête ».

Une décharge terrible éclate. Les volontaires tombent de tous côtés, un éclat d'obus frappe le général au genou. Quelques hommes s'aperçoivent qu'il ne peut plus tenir son cheval. Ils veulent l'emporter, il s'y refuse : il continue à donner ses ordres. La colonne ne s'est pas arrêtée. Charette a son cheval tué sous lui; il se dégage. D'une voix vibrante, dont les accents dominent la fusillade, il continue à crier : « En avant, en avant toujours ! »

Se voyant aussi audacieusement attaqués, les Allemands croient avoir devant eux l'avant-garde d'une armée qui arrive. Après une lutte corps à corps, ils se retirent en désordre.

Emportés par leur irrésistible élan, les zouaves poursuivent l'ennemi jusque dans le village et s'emparent des premières maisons.

Le général de Sonis acquiert bientôt la certitude que son artillerie est sauvée et que l'armée allemande recule.

A l'enquête faite plus tard, il expliquera pourquoi il s'était vu obligé de rester à la tête de ses volontaires. « Je ne voulus point me déshonorer en les abandonnant. Je me sentis fort pour le sacrifice que j'allais accomplir. »

Le *Journal* du vicomte de Villeperdrix ajoute :

« La nuit nous surprend sur le champ de bataille : à droite, à gauche, au-devant de nous, l'horizon est en feu. Les Prussiens, en fuyant, sèment partout l'incendie. Notre commandant nous amène auprès d'une batterie d'artillerie et demande à l'officier où se trouve le XVII⁰ corps. Cet officier répond qu'il l'ignore. Nous revenons sur nos pas, et vers onze heures, nous arrivons devant un village qui est déjà occupé par nos troupes. Nous dressons nos tentes dans la campagne: pendant ce temps, quelques-uns de mes hommes trouvent à remplir leurs bidons de vin. Nous en offrons au commandant Roddes et au capitaine Leureau. Nous n'avions rien pris, ni les uns, ni 'es autres de toute la journée.

« Le lendemain, dès l'aube, nous nous remettons en marche. »

Devenue libre par la capitulation de Metz, l'armée du prince Frédéric-Charles arrivait sur les bords de la Loire.

C'est ce qui explique pourquoi le vicomte de Villeperdrix écrit alors dans son *Journal:*

« Peu à peu, l'impression nous gagne que tout est contre nous.

« Plus de distributions de vivres à temps. Je me rappelle avec un certain dégoût combien j'étais heureux quelquefois de faire fondre de la graisse d'armes pour l'étendre sur des biscuits, en guise de beurre.

« Quant à notre linge, c'était pire encore. Pour le laver, je prenais de la neige, je la pressais entre mes mains et je frottais avec un caillou. Quelquefois, l'ordre était donné de partir avant que le linge fût sec ; nous n'avions d'autre ressource que de le porter tout mouillé.

« Nous ne pouvions ni envoyer ni recevoir des lettres. Sur 'es bords des routes, des hommes s'arrêtaient à côté de tas de pierres. Ils ne tardaient pas à s'endormir de lassitude. Au bout de quelques instants, ils mouraient de froid. En une seule nuit, notre bataillon perdit ainsi quinze de nos braves chasseurs. Je souffrais tant des épaules que l'on était obligé de m'enlever mon sac, ne pouvant le défaire moi-même. Mais, l'un racontait une histoire, l'autre débitait une facétie : nous arrivions à rire de nos propres malheurs.

« Le 8 décembre, à cinq heures, on fait lever le

camp à toutes les troupes ; chacune de nos compagnies est détachée pour accompagner une section d'artillerie. Nous avons à nos côtés et derrière nous les régiments de ligne. A midi, les six pièces d'artillerie que nous escortions commencent le feu. L'ennemi ne répond pas. Le tir recommence. Les balles prussiennes arrivent jusqu'à nous. Nous nous couchons à terre. Sur la route, nos tirailleurs entretiennent un feu nourri ; lorsqu'ils n'ont plus de munitions, ils se replient. Nous prenons leur place. Nous tirons toutes nos cartouches. L'artillerie ennemie fait rage, les obus pleuvent sur nous. Le lieutenant Guettard tombe à mes côtés. On nous donne l'ordre de battre en retraite. Au pas gymnastique, nous nous dirigeons vers une ferme où nous pourrons nous abriter. Nous arrivions à peine que le commandant d'artillerie nous dit : « Allons, petits chasseurs, partez à « la baïonnette et enlevez les deux batteries qui nous « font tant de mal ». A ce même moment un officier d'état-major du général de Jouffroy apporte à notre commandant l'ordre de s'emparer de ces deux mêmes batteries.

« Nous posons le sac. Baïonnette au canon, nous partons au pas de charge: la sonnerie du clairon nous entraîne. Les batteries sont à deux kilomètres ; y arriverons-nous ? A 800 mètres en avant se trouve une route en contre-bas. Le commandant nous fait arrêter et déployer en tirailleurs dans les fossés. Les balles sifflent ras du sol, nombreuses comme les grêlons, un jour d'orage. Un obus éclate à 20 mètres de moi et tue douze de nos hommes. Pendant trois quarts d'heure, nous ne cessons de tirer sur les batteries ennemies qui se replient enfin. Nous n'avions plus de cartouches. Les balles pleuvent sur nous de trois directions différentes : un escadron de cavalerie essaie de nous tourner; il est bientôt anéanti par nos mitrailleuses. Le régiment de ligne qui est derrière nous se méprend, à cause de notre uniforme, et nous tire dessus.

« On nous donne l'ordre de nous rep'ier. Je suis atte'nt au pied droit par une balle morte qui me produit le même effet qu'un fort coup de fusil. J'ai de la peine à marcher vite. J'arrive tout de même à la ferme. Là, nous reprenons notre sac et nous allons nous reformer en arrière. J'embrasse mon ami Sigaud ; je serre la main à mes camarades.

« Le lendemain matin 9 décembre, je me promenais en avant de ma compagnie, lorsque je vois un aumônier à barbe blanche s'approcher ; i' me dit : « Vous avez devant vous l'abbé Roudil, aumônier en chef du XVII° corps. J'ai reçu une lettre de votre famille, avec laquelle je suis très lié, et votre père me demande de vos nouvelles. Nous parlons de mes parents, de Pont-Saint-Esprit ; je 'ui présente notre compatriote Sigaud. Mon capitaine dit à l'abbé Roudil que, dans la journée, je vais être nommé sergent-major. Gambetta vient ce jour à Josnes et le général de Jouffroy est promu général de division.

« Le 10 décembre, à trois heures du matin, nous nous remettons en route: on nous dit de marcher en silence. Nous allions faire une reconnaissance. Notre commandant avait reçu l'ordre de s'emparer du village d'Origny, qui, deux fois déjà, avait été occupé par les Prussiens. A 500 mètres du village, nous mettons baïonnette au canon et nous partons au pas de charge. Nous sommes accueillis par une fusillade à bout portant. Le village est fermé par des barricades faites avec des charrettes, des meubles et des fagots. Nous grimpons sur ces barricades et nous tombons au milieu des Prussiens. Nous nous défendons à 'a baïonnette et à coups de crosse. Leur commandant est fait prisonnier au moment où il va monter à cheval. Je m'avance vers un prussien qui était caché derrière des fagots. Je lui dis de se rendre : il me tire un coup de fusil : la balle passe entre mes jambes. Aussitôt, de peur d'être tué, il se débarrasse de son fusil et de son sabre. C'était un gros gaillard, qui, d'un coup de poing, aurait pu m'assommer; je le fais prisonnier. Je rencontre le capitaine Leureau. « Ce n'est pas trop tôt, lui dis-je, que nous puissions les arrêter ». Il se met à sourire. Je continue à parcourir le village. Nous prenons des Prussiens dans les greniers et dans les caves. Jean Sigaud qui, comme moi, rôdait dans les maisons est ravi. Nous délivrons une trentaine de prisonniers, parmi lesquels se trouvent des chasseurs, des zouaves, des fantassins et des cavaliers.

« Notre commandant reçoit l'ordre d'avancer toujours et de s'emparer cette fois du village de Villorceau.

« Notre compagnie, composée de 137 hommes, est désignée pour l'attaque.

«Nous nous déployons en tirailleurs: une compagnie de mobiles se déploie elle aussi de même sur notre gauche. Les prussiens nous aperçoivent et nous criblent de balles. Nous nous en approchons cependant assez pour entendre leurs voix. Le capitaine Leureau commande le tir. Une quinzaine de balles pleuvent autour de lui. Nos rangs s'éclaircissent; à une heure, nous nous replions en marchant à quatre pattes. Je veux me lever, un moment, pour courir au pas gymnastique : une balle traverse mon manteau. Je marche de nouveau à quatre pattes. Quand je me relève, près d'Origny, je vois le capitaine Leureau, nous nous réunissons autour de lui. Nous ne sommes plus que 53. Nous avions perdu plus de la moitié de notre effectif. « Si on va de ce train, me dit le capitaine, je crois que vous serez bientôt officier ».

Le 45ᵉ et le 46ᵉ de ligne commencent à prendre part au combat. Nous allons dans un champ, sur notre droite. N'en pouvant plus, nous nous couchons à terre. Une heure après, nous sommes rappelés à Origny. Trois de nos compagnies sont lancées contre Villejouan. La nôtre, trop décimée, reste au repos. Je pénètre dans une cave. je défonce un tonneau, je fais boire mes hommes ; je vais chercher Sigaud qui garde sa bonne humeur. Nous portons un bidon de vin au capitaine qui nous remercie et nous félicite. Le soir, nous quittons le village d'Origny pour revenir en arrière. Le 45ᵉ et le 46ᵉ, qui sont entrés dans Ville-jouan, se voient obligés d'en sortir. Nous battons en retraite. Nous abandonnons nos blessés et nos morts. En dressant ma tente, j'étais épouvanté du vide qui s'était fait dans ma compagnie. Je pensais à ceux qui étaient tombés, en me disant que la neige leur servirait à la fois de linceul et de sépulture.

« Le 11 décembre. nous apercevons sur notre gauche de fortes colonnes de cavalerie et d'infanterie. Le bruit avait couru que le général Ducrot avait percé les lignes prussiennes qui assiégeaient Paris et venait se joindre à nous. Hélas ! c'était au contraire une puissante armée ennemie qui accourait pour renforcer celle que nous repoussions depuis quelques jours. Le général de Jouffroy se résigne à la retraite et notre bataillon est chargé de rester en arrière pour la protéger.

« Le 14, nous étions à Pezon. Le soir, vers 6 heures, le sous-lieutenant Palloc m'aborde en m'embrassant et me dit : « Je te félicite, mon cher de Plantin. Tu es sous-lieutenant, ta nomination vient d'arriver ». Ensemble. nous allons chez le capitaine qui me serra la main. Je le remercie de ce qu'il a bien voulu s'intéresser à moi. « Vous le méritiez, me dit-il, vous avez « montré partout assez de courage, jamais vous n'êtes « resté en arrière. Vous avez pris part à toutes les « attaques. Vous vous étiez préparé à entrer à Saint-« Cyr, votre famille sera contente d'apprendre la nouvelle. Je tiens à la lui annoncer moi-même... » Le commandant ne tarde pas à me faire appeler, pour m'adresser ses félicitations et ses souhaits. Après l'avoir vivement remercié, lui aussi, je me rends auprès de mes hommes, je leur donne mon sac, mon fusil, mon manteau, mon bidon, quelques objets pris à l'ennemi. Pendant le repas le capitaine m'apprend que je reste à la première compagnie. Je couche sur un mauvais matelas : je n'en oublie pas moins toutes les fatigues de la campagne.

« Le 17, le capitaine Leureau est nommé commandant et le commandant Roddes, lieutenant-colonel. »

* *

Là s'achève la première partie du journal. Ecrite d'une plume alerte et élégante, elle met bien en évidence l'ensemble des qualités qui font que nos soldats ont été justement appelés « les premiers soldats du monde ».

La seconde partie du journal du vicomte de Villeperdrix retrace la tâche des plus rudes mais aussi, ce me semble, des plus glorieuses, accomplies par le premier bataillon de marche de Chasseurs à pied pendant l'attaque de Vendôme, la défense du Loir et la bataille du Mans.

Les forces réunies du prince Frédéric Charles et du duc de Mecklembourg avaient arrêté l'élan de l'armée de la Loire. Le général d'Aurelle de Paladines fut destitué. « Après les jours de bonheur et d'espérance, écrivait-il, sont arrivés les jours de revers. Les combats héroïques livrés par l'armée de la Loire n'ont pu arrêter l'ennemi. Orléans a été de nouveau occupé par les Prussiens, j'ai dû battre en retraite. Ma fatigue est extrême, j'ai la douleur de n'avoir pu réussir à délivrer Paris. »

Le général Ducrot qui était sorti de l'enceinte de la capitale avec cent mille hommes n'avait pas été plus heureux. Il s'était proposé de rompre les lignes prussiennes, de gagner Fontainebleau et de rejoindre l'armée de la Loire, vers Montargis. L'attaque avait été fixée au 29 novembre. Mais il fallait traverser la Marne. La violence du courant entre les arches rompues du pont de Joinville ne permit pas aux remorqueurs d'amener à temps et aux points choisis le pont de bateaux. Le passage se trouva reporté au lendemain 30. Ce retard permit aux Allemands de concentrer leurs troupes. Ducrot put bien s'emparer de Champigny et s'y maintenir trois jours ce qui avait fait croire qu'il était victorieux. Ses assauts répétés furent repoussés avec acharnement. Après avoir perdu dix mille hommes, il dût revenir sur ses pas. La sortie de Champigny, d'abord pleine d'espérances, avait malheureusement échoué.

Par décision du Ministre de la Guerre, l'armée de la Loire fut dédoublée en armée de l'Est et en armée de l'Ouest. Bourbaki commanda la première, Chanzy la seconde.

A L'ARMÉE DE L'OUEST

Chanzy se cramponne sur la rive droite. Il essaie la seule manœuvre qui aurait pu, en délivrant Paris, changer l'issue de la guerre. Son dessein était de pivoter assez près de la capitale dans de bonnes positions défensives ; il lutte de telle sorte qu'il s'attire l'admiration de l'adversaire. « On ne pourra jamais parler de cette armée qu'avec respect » ont écrit les Allemands. Leur grand état-major, dans son histoire de la guerre, a appelé la retraite de Chanzy « une retraite infernale ».

Le vicomte Raymond de Villeperdrix nous donne à ce sujet des détails intéressants:

« Le 24 décembre, le général de Jouffroy reçoit l'ordre d'aller attaquer Vendôme avec sa division. Notre effectif est à peu près de huit mille hommes. Nous passons à travers des forêts de sapins. Nous nous arrêtons dans des fermes. Le jour de Noël nous allumons de grands feux sur la route pour nous réchauffer. Quelle différence entre ce 25 décembre et les fêtes de Noël précédentes.

« Le 26, quelques coups de fusil sont tirés contre nos vedettes. Le 27, à 7 heures du matin, notre bataillon s'est rassemblé dans la vaste cour du Château de Montesquiou. Jules Sigaud me dit : « Je crois que « je n'irai pas loin, je souffre de la jambe droite, je « ne peux plus marcher, mais je ne veux pas quitter « le bataillon, aussi ai-je demandé et obtenu de les « suivre en montant sur les caissons des mitrailleuses»· Il était extrêmement pâle, l'altération de ses traits me frappa, je l'encourageai de mon mieux.

« Nous nous mettons en marche, nous rencontrons des paysans qui nous disent que les Prussiens approchent.

« Un peu avant midi nous arrivons à une ferme où déjà quelques uhlans ont fait une réquisition.

« Nous devons avec 'e 45ᵉ et une batterie d'artillerie longer le Loir et prendre le village des Roches bâti sur les bords de la rivière. Le 45ᵉ nous précède, il surprend dans ce village plusieurs centaines de Prussiens. Beaucoup d'entre eux sont tués, d'autres faits prisonniers; ceux qui échappent en traversant la rivière complètement glacée sont poursuivis par nos fantassins.

« Nous trouvons les maisons ouvertes. La fuite des Prussiens a été si précipitée qu'ils ont laissé les repas servis sur les tables et quelques uns jusqu'à leur porte-monnaie. Je vois une très belle pipe en écume ; je la prends; plus tard, je la donnai à mon frère Hervé.

« Dans la soirée, nous entendons une forte canonnade du côté de Montoire. Vers les six heures nous

nous dirigeons vers le plateau qui domine le village. Nous nous arrêtons dans un chemin en contre-bas, nous allumons des feux, sur notre droite nous apercevons les fuyards ennemis courant à travers champs Un officier de chasseurs d'Afrique vient nous prévenir que, si nous ne voulons pas être pris, il nous faut en toute hâte redescendre aux Roches. Nous faisons sauter le pont et nous dressons des barricades. Nous apprenons que le général de Jouffroy, passant avec son escorte en avant de Montoire, a été aperçu, que l'on a tiré aussitôt sur lui et qu'un de ses officiers d'ordonnance, Chalmeton, a été tué. Nos mitrailleuses avaient riposté, quelques obus étaient tombés à côté d'elles. Jules Sigaud avait été frappé à 'a tête. Jeté à terre, il s'était relevé et, marchant avec peine, s'était abrité sous un arbre. Mais bientôt il avait vu, à travers les broussailles, des tirailleurs ennemis s'avancer en bon ordre. Ils arrivent près de 'ui. Il prend son révolver, fait feu : deux tombent à ses côtés mortellement atteints, les autres se précipitent sur lui, le désarment et l'achèvent à coups de baïonnettes. Ainsi mourait en brave et en héros mon compatriote Jules, le plus jeune de notre batai'lon, aimé de tous à cause de sa gaîté, de son entrain et de sa franchise.

« A cette nouvelle, je fus pris d'un profond serrement de cœur. Durant toute la nuit la pensée de Sigaud ne me quitta pas. Je me rappelais les dernières paroles qu'il m'avait dites le matin. La barbarie de ses meurtriers criait vengeance. Je trouvais la guerre bien cruelle. « Je suis officier, me disais-je, mais si j'ai été nommé, c'était pour remplacer mon ami Casabianca, mort au champ d'honneur.

« Le commandant Leureau voulut bien me confier la délicate mission d'annoncer la douloureuse nouvelle à la famille de Jules Sigaud et de lui offrir les condoléances les plus émues de tout le bataillon.

« Nous comptions rentrer bientôt à Vendôme, nous

n'en étions plus qu'à 7 kilomètres. Des espions nous disent que 50 pièces d'artillerie défendent la ville.

« Le 2 janvier, au soir, notre commandant recevait du général de Jouffroy un avis ainsi conçu : « J'ai « été prévenu que les Prussiens se proposent de pas- « ser le Loir sur la glace, cette nuit même, aux envi- « rons de Thorée, veuillez mettre votre bataillon en embuscade ».

« Nous étions sur la droite de la rivière en haut du plateau. Nous déployons nos hommes en tirailleurs à dix pas les uns des autres. Au moindre bruit, nous étions en alerte, il faisait un froid excessif. Nos chas- seurs s'endormaient malgré eux, il fallait sans cesse les réveiller. Avec le lieutenant Serra nous nous étions entendus pour marcher et nous asseoir à tour de rôle. Vers 2 heures du matin, le froid devient encore plus vif. A 4 heures, nous faisons demander au comman- dant à quel moment nous pourrons être relevés. Il nous répond : « pas avant huit heures ». Quelle nuit pénible que celle-là! Officiers, nous souffrions plus que les soldats, obligés que nous étions de nous ren- dre compte de tout par nous-mêmes. Les Prussiens ne parurent pas.

« L'attaque générale sur la ligne du Loir n'eut lieu que le 6 janvier. Ce jour-là vers 7 heures du matin nous entendons une fusillade très vive. Notre bataillon s'était porté sur le plateau.

« Nous voyons les tirailleurs monter et descendre, se replier et revenir à la charge. Nos mobiles défen- dent le gué du Loir, les tambours battent la charge, le 48ᵉ envoyé au secours des mobiles repousse les Prussiens.

« Sur la route qui conduit de Vendôme à Montoire apparaît une colonne d'environ dix mille hommes : infanterie, cavalerie, artillerie s'avancent. Nous étions cachés par les arbres, l'ennemi ne nous aperçoit pas.

« La bataille s'engage sur toute la ligne depuis le

gué du Loir jusqu'aux Roches et à Montoire : l'artillerie fait rage. Le général de Jouffroy nous envoie
deux bataillons du 45°. Ils marchaient en colonne,
mais au moment où ils débouchent sur le plateau, une
pluie d'obus les arrête, ils se replient dans toutes les
directions et vont se reformer sous bois.

« Un bataillon prussien descend sur Thorée il y entre, s'assure que le village n'est pas occupé, y passe
une demi-heure et reprend la route de Montoire. Il
était à 1.200 mètres de nous, nous avions l'ordre de
ne pas tirer, nous ne devions défendre que le passage.

« Un capitaine d'infanterie vient dire à notre
commandant qu'il a reçu l'ordre de franchir le Loir
et lui demande du renfort. La deuxième et troisième
compagnies le suivent. Le jour commençait à tomber : la bataille continuait et nous n'avions encore
rien pris. Le commandant m'appelle. « Allez, me dit-
« il, allez chercher le colonel Bayle, il faut que vous
« le trouviez, vous lui demanderez si notre bataillon
« doit rester à Thorée, sa diriger sur La Mézière ou se
« retirer sur Lunay ; vous viendrez m'apporter sa
« réponse ». Je pars aussitôt. Je prends le sentier qui
montait vers le plateau. A mi-chemin, j'entends siffler
une balle. J'étais vu par les Prussiens, je glisse dans
un ravin entre deux gorges et je finis par arriver sur
le plateau. J'apprends que le colonel Bayle est au
château de La Mézière. J'y vais. Le colonel se promenait inquiet et troublé. En me voyant, il s'avance vers
moi et me dit : « Que désirez-vous ? ». Mon colonel,
je viens de la part du commandant Leureau, vous
demander vos ordres.

« Vous direz au commandant de se replier immédiatement sur Lunay, avec votre compagnie et celles
qui occupent Thorée et Rochambeau. Dépêchez-vous,
nous sommes sur le point d'être cernés par les Prussiens. Je vous attends ici, — en me mettant la main
sur l'épaule, il ajouta : — allez.

« Je me mis à courir. Les ordres transmis, nous nous acheminons vers le château et de là vers Lunay. Notre division, avec convois et bagages, avait quitté en toute hâte Lunay pendant la journée pour s'abriter à Savigny. Nous avançons très péniblement sur la route couverte de neige. Nous rencontrons le général de Jouffroy avec son escorte. "Vous voilà, bons petits « chasseurs, nous dit-il, je vous croyais tous pri- « sonniers, suivez la division jusqu'à Savigny ». Nous n'arrivons qu'au milieu de la nuit, nous n'avions pas touché de vivres depuis deux jours. Dès cinq heures du matin, ma compagnie doit reprendre le sac et partir pour prendre la garde sur la route de Montoire.

« Les autres compagnies nous suivent, le brouillard nous favorise: le lieutenant Serra et moi, avec 75 hom- mes, nous nous déployons en tirailleurs dans les fos- sés.

« Nous connaissions la tactique habituelle des éclai- reurs allemands: ils marchaient par groupe de trente. Quatre s'avançaient, deux à 200 mètres et deux au- tres à 400 mètres. Dès que les deux premiers aperce- vaient un poste, ils tiraient deux coups de pistolet pour le signal et se retiraient en toute hâte. Il fallait les saisir, les désarmer avant qu'ils aient eu le temps de donner le signal; ce n'était pas chose facile. Deux autres cavaliers ne tardaient pas à les suivre. Dès qu'ils voyaient les factionnaires, ils tiraient un coup de pistolet et s'enfuyaient au galop.

« Si nous étions assez heureux pour les prendre eux aussi, nous avions alors beau jeu sur le reste du pelo- ton, nous le laissions arriver entre nos lignes et nous tirions à bout portant ; ils ne nous échappaient pas.

« Une reconnaissance de spahis revenant de Mon- toire passe. Nous demandons s'ils n'ont pas vu de ulhans. Ils nous répondent qu'ils ont été obligés de se replier en toute hâte devant un fort peloton de cavalerie. Ils pensent que nous ferions bien de nous

tenir sur nos gardes. Bientôt à deux cents mètres se
montrent trois cavaliers. Nos chasseurs font feu immédiatement. Un des trois tombe, atteint d'une balle
à la tête, les autres s'enfuient. C'était un hussard du
6e régiment de Magdebourg, un nommé Banckeisen,
engagé volontaire. Il portait sur lui une lettre de sa
mère qui lui disait : « La guerre sera bientôt finie,
Paris ne tiendra pas longtemps, il me tarde de te voir
revenir ». Il avait 22 ans, on le mit dans le fossé et on
le couvrit de neige. J'éprouvai un certain sentiment
de tristesse qui m'arracha cette réflexion : « C'est
peut-être le sort qui m'est réservé, je serai enseveli
comme lui dans la neige, ma famille ne me retrou-
vera pas ». Mes hommes m'avaient dit quelquefois :
« Vous n'avez pas de sabre, n'en achetez pas, nous
en prendrons un à l'ennemi, il sera pour vous. Ils me
donnèrent le sabre de Banckeisen.

« En entendant les coups de fusil, la deuxième et
la troisième compagnies étaient accourues, notre ligne de tirailleurs s'allongeait ainsi de plus de deux
cents unités.

A deux reprises différentes les cavaliers ennemis
rôdent autour de notre Grand'Garde. Reçus à coups
de fusils, ils se hâtent de rebrousser chemin. Le sif-
flement des obus nous fait comprendre que les Prussiens se sont mis en face pour nous attaquer.

« Nous nous portons des deux côtés de la route
dans des chemins creux, nous dressons des barricades, le tir de l'artillerie ne cesse que vers 4 heures.
Allons-nous être attaqués par l'infanterie ? Nous
sommes sur le qui-vive, regardant dans toutes les directions et prêtant l'oreille au moindre bruit. Nous entendons le pas d'un cheval au galop, puis le pas chan-
ge, le cavalier s'arrête, regarde, se dresse sur les
étriers. Dès qu'il est à peu près à 80 mètres, nos hommes font feu sur lui. Il tombe, se relève et peut courir ; le sergent Garoust, caché derrière un tronc d'ar-

bre, se précipite vers lui en criant : « Rends-toi ou
je te tue ».

« Le cavalier ne l'écoute pas, le sergent tire, le cavalier
atteint d'une balle à l'épaule, tombe mais se relève aussitôt. Une seconde balle l'arrête, il n'est pas
mort. Garoust 'ui donne le bras et le conduit au
poste.

« C'était le comte Von Hautelmann, lieutenant en
premier. Il dit au commandant Leureau : « Chasseurs,
bonne troupe, fait beaucoup de mal ». Jetant son casque à terre il ajouta: « Casque, je ne te porterai ja-
« mais plus. Je n'irai pas loin, amenez-moi dans une
« maison, je vais mourir ». On le porta à l'ambu-
« lance de Savigny.

« Le général de Jouffroy alla le voir avec plusieurs
officiers, il ne voulut donner aucun renseignement. il
se contenta de dire: « Notre artillerie ne tirera plus
de la journée. c'est fini, vous m'avez trompé, chasseurs ». Il donna son sabre et son révolver au sergent
Garoust.

« Nous avions résisté toute la journée donnant ainsi aux troupes et aux convois le temps de battre en
retraite. Notre bataillon fut cité à l'ordre du jour de
l'Armée et le lieutenant Serra nommé capitaine.

« Le 8 janvier, le général de Jouffroy fit dire à notre commandant: « Comme l'on peut compter sur
« votre bataillon, vous serez d'extrême arrière-garde
« afin de protéger la retraite vers le Mans. »

« Pour la troisième Division du XVIIᵉ corps qui venait de l'attaque de Vendôme, pour nos soldats qui
marchaient presque pieds nus et n'avaient pas touché
de vivres depuis plusieurs jours, le Mans c'était la
terre promise. On nous disait en effet que là, nous
recevrions des vivres, des effets, des chaussures. Cet
espoir nous encourageait.

« Le 8 janvier à 5 heures et demie, le bataillon
prend les armes et voit défiler devant lui le 38ᵉ, le 45ᵉ

le 46°, le 61°, le 64° de marche, le 70° mobile, de l'artillerie, des mitrailleuses, la prévôté, quelques prisonniers et des compagnies de pénitenciers. Nous suivons la colonne à une distance de mille mètres, en nous dirigeant vers Saint-Germain-de-Vie.

« Le 9 janvier, le commandant Leureau me dit que, désigné par mon tour de service, je dois prendre la garde d'un convoi de 250 voitures.

« Des coups de fusils se font entendre, le général de Jouffroy lance notre bataillon sur les avant-postes attaqués. Le commandant Leureau me renouvelle alors l'ordre d'accompagner le convoi. Les voitures s'ébranlent : je place mes hommes de distance en distance, nous restons sur pied toute la nuit. Arrivés à la côte voisine du village de Courdemanche, les conducteurs se refusent à faire marcher leurs chevaux épuisés de fatigue. Vers quatre heures du matin, nous pouvons repartir. Je me hisse sur une charette vide, je passe ma gourde d'eau-de-vie au conducteur pour gagner ses bonnes grâces, nous arrivons au village de Saint-Vincent à neuf heures.

« Par ordre du capitaine-adjudant-major attaché à l'intendance nous laissons la route libre, nous nous engageons dans un chemin de traverse.

« Vers deux heures nous entendons le canon, le bruit se rapproche, la fusillade s'engage, je descends à Saint-Vincent pour demander des ordres.

« Des blessés que l'on apporte annoncent que nos troupes battent en retraite. A six heures seulement, on se décide à me dire qu'il faut ramener les voitures au village pour les diriger sur la route du Grand Lucé. La neige, le verglas rendent la marche pénible et difficile.

« Dans les bois, sur notre droite, éclate le son des trompettes. De faibles lumières s'agitent, des cavaliers, qui passent à côté de nous, nous annoncent que les Prussiens sont entrés à St-Vincent. L'ennemi

s'avance. Je fais charger les armes de mes hommes
Les dernières de nos voitures sont prises, trois de nos
chasseurs et quatre gendarmes sont faits prisonniers.
J'arrive au Grand Lucé à neuf heures. Quelle n'est
pas ma joie d'y rencontrer mon bataillon. Je dine avec
le capitaine Serra. Prévoyant que nous allons marcher de nouveau toute la nuit, je remplis ma gourde
d'eau-de-vie, le convoi se met en branle, je tombe de
fatigue contre les tas de pierre de la route, mais je me
relève aussitôt. Rester assis par un temps pareil et
s'endormir ne serait-ce pas s'exposer à une mort
certaine ?

« A un moment, soit que je marche trop vite, soit
que les voitures m'aient devancé, je me trouve tout
seul, la neige me cache mon chemin, je glisse dans un
fossé, je n'en sors qu'à grand peine. J'aperçois des
vedettes au milieu des sapins; je ne sais quelle direc-
tion prendre pour éviter de me jeter entre les mains
de l'ennemi. Après quelques hésitations je me dirige
vers le village de St-Maur.

« J'étais assez près des maisons, quand un cavalier
en vedette me crie « qui vive? ». Je réponds immédiatement « France! ». Combien je suis réconforté en en-
trant au poste des hussards où l'on m'amène. Nos
chasseurs finissent par arriver avec les voitures.
Nous passons le reste de la nuit dans un grand han-
gar où s'était abrité un de nos postes de cavalerie.

« Nous repartons de bonne heure, le lendemain.
Nous longeons des bois. Vers neuf heures la fusillade
reprend : les conducteurs pressent la marche des
chevaux. Le bruit de la bataille ne nous quitte pas. »
Ce jour là, les zouaves pontificaux enlevaient une
position importante, reprenaient sur l'ennemi le plateau d'Auvours par une attaque non moins brillante
que celle de Loigny.

« Nous apercevons le Mans vers cinq heures du
soir. La ville est entourée de tranchées, nous passons

sous le pont du chemin de fer. Nous traversons la Sarthe mais sans nous arrêter. Quelle déception pour nous. Nous rejoignons sur la route de Laval les autres convois de l'armée.

« Mon bataillon, après s'être battu toute la soirée, n'arrive au Mans qu'à onze heures. Le commandant demande au général de Jouffroy s'il peut faire distribuer des vivres à ses hommes et s'il y a pour eux des billets de logements : « hélas! non, dit le Général, « je compte quand même sur vous. Demain au lever « du jour nous devons nous trouver en première li- « gne dans les tranchées du côté de Ponthieu, j'es- « père que votre bataillon y sera ».

« Tel était le repos que le Mans nous réservait !

« Le 11, dès quatre heures du matin, tout le bataillon répond à l'appel et se rend aux tranchées. Les factionnaires français et prussiens sont si près les uns des autres qu'ils s'amusent à se lancer des boules de neige.

« La bataille s'engage de bonne heure · elle est des plus meurtrières ; en certains endroits la résistance faiblit. A un moment, le bataillon se trouve seul avec un bataillon des zouaves de Charette. Le commandant Leureau ne peut s'empêcher de se plaindre: « On nous abandonne ! » Quelques instants après, il est frappé d'une balle en plein cœur.

« Le capitaine Guyot et le capitaine Franzel, le lieutenant Heid tombent eux aussi mortellement blessés.

« Le capitaine Serra sort de la tranchée. Une dizaine de prussiens se jettent sur lui. Il est menacé d'un coup de fusil à bout portant, il détourne l'arme en la prenant par le canon et s'écrie: « Ce n'est pas ainsi que l'on traite les honnêtes gens ». — Rendez votre épée, lui dit un officier. — Je n'ai qu'un sabre. — Rendez votre sabre. Cet officier et deux soldats qui sont à côté de lui s'affaissent, ils ne se relèveront pas, un seul reste en serrant fortement le capitaine.

Celui-ci a bientôt fait de se dégager de l'étreinte, il se sauve rapidement. Voici ce qui s'était passé. Le sergent Garoust et deux chasseurs, cachés derrière les arbres, avaient habilement tiré sur les agresseurs. Le général Chanzy, en passant dans les tranchées félicita le bataillon de sa bravoure, promit quatre croix de la légion d'honneur et dix médailles militaires. Quatre cents canons prirent part au combat. Nos mitrailleuses, savamment placées, accumulèrent devant elles des monceaux de cadavres. Toute la journée, les Prussiens essayèrent de tourner nos positions, ils n'y réussirent qu'au milieu de la nuit. Le 12, à quatre heures du soir, ils étaient entièrement maîtres du Mans.

« Le général Chanzy ordonna la retraite sur Laval avec l'intention de former une nouvelle armée qui aurait pris le nom d'armée de Bretagne.

« Je restais chargé de la garde du convoi. M. Chalmeton me remit deux lettres, l'une de ma mère datée du 15 décembre et l'autre de M. l'abbé Roudil, datée du 7 janvier.

« Les Prussiens continuaient à nous poursuivre. » Le 23, Jules Favre sollicitait à Versailles un armistice afin de pouvoir ravitailler Paris. Bismarck imposa une véritable capitulation : le désarmement des troupes, l'occupation des forts, une contribution de deux cents millions.

« Le 28 un facteur venant de Laval nous apprend que l'armistice est conclu.

« Le 16 Février le général de Jouffroy adresse aux troupes du XVII⁰ corps la proclamation suivante :

« Officiers, sous-officiers et soldats.

« Le Ministre de la guerre m'a relevé de mon com-
« mandement. Je pars, le cœur navré de n'avoir pu ob-
« tenir pour vous les récompenses que j'avais deman-
« dées avec les plus vives instances et que vous aviez

« si bien méritées. Les victimes nombreuses que la
« mort a faites dans vos rangs, les pertes considérables
« que vous avez infligées à l'ennemi et qu'il a recon-
« nues dans ses bulletins, en parlant parfois de vous
« comme s'il avait eu devant lui une armée tout entiè-
« re, attestent le dévouement, la bravoure dont vous
« m'avez donné tant de preuves. Vous avez pris l'of-
« fensive du Mans jusqu'à Vendôme, puis, opposant à
« une artillerie redoutable une résistance opiniâtre,
« vous avez, sans vous laisser entourer, disputé le ter-
« rain pied à pied au flot qui devait dépasser le Mans.
« Le récit détaillé des nombreux combats que vous
« avez eu à soutenir, celui des marches longues et pé-
« nibles que vous avez supportées par la neige, la
« pluie, les froids les plus intenses, feront ressortir la
« modestie trop grande, je l'avoue, avec laquelle j'ai
« de temps à autre mentionné vos exploits. Courage,
« continuez à servir dignement la patrie. Je suis fier
« d'avoir été à votre tête et quoi qu'il arrive comptez
« sur ma reconnaissance. »

L'armistice servit à préparer la paix. Thiers et Jules
Fabre négocièrent à Versailles avec Bismarck. Les
préliminaires de la paix furent signés le vingt février
et ratifiés le premier Mars par l'Assemblée Nationale
de Bordeaux.

Au moment de sa formation, en Octobre 1870, le
premier Bataillon de Chasseurs à pied comprenait 814
officiers, sous-officiers et soldats. Le premier Mars, il
avait perdu 552 hommes. Le vicomte de Villeperdrix
donne les noms de tous avec quelques notes spécia-
les pour chacun. Son *Journal* contient encore des
cartes tracées au crayon, un dictionnaire traduisant
les expressions familières employées au régiment, et
les chansons qui animaient souvent les marches militaires.

Ses qualités personnelles ne semblent-elles pas se
refléter dans ces quelques vers du « Volontaire de
l'Ouest » ?

> Qui va là ? Volontaire et soldat de Charette !
> A lutter, à mourir, tu le vois, je m'apprête
> Pour la France et pour Dieu. — Respect, honneur à toi,
> Le héros de Loigny. Dis-nous par quelle loi
> Tu te couvres de gloire en nos tristes défaites,
> Le premier aux assauts, le dernier aux retraites ?
> — Le veux-tu mon secret ? Voudras-tu t'en servir ?
> Nous respectons nos chefs, nous savons obéir.

Etait-ce un présage ? Il aimait surtout à entendre la
Chanson d'Alfred de Musset :

> Nous l'avons eu votre Rhin Allemand.
>   Son sein porte une plaie ouverte,
>   Du jour où Condé triomphant
>   A déchiré sa robe verte.
> Où le père a passé passera bien l'enfant.
>
> Nous l'avons eu votre Rhin Allemand.
>   Que faisaient vos vertus germaines
>   Quand notre César tout-puissant
>   De son ombre couvrait vos plaines ?

Commandant en retraite depuis 1903, le vicomte
se hâtait de reprendre du service le 1ᵉʳ Août 1914
avec l'ardeur, l'entrain, l'enthousiasme de ses vingt
ans. Aussi a-t-il eu la joie immense de voir se réaliser
ce qu'il attendait toujours. Nos troupes victorieuses
ont passé sur le fleuve allemand.

Il s'était montré partout le digne héritier des dis-
positions guerrières de son arrière-grand'oncle, le
Bailli de Suffren, cet amiral qui remporta de si beaux
triomphes sur la flotte anglaise et faisait dire à Na-
poléon : « Si j'avais eu le Bailli de Suffren, j'au-
rais vaincu le monde ».

Pour nous, grâce à la délicate et noble générosité
de Madame la Vicomtesse Marie-Amélie-Henriette de
Villeperdrix, nous pourrons garder ici à jamais le
nom, le portrait, le souvenir de notre très vaillant, très
sympathique et très regretté confrère.

NOTES COMPLÉMENTAIRES

Après cette seconde lecture, un des Membres de la Compagnie manifesta le désir de connaître l'état de services du commandant de Villeperdrix.

Cet état, j'ai pu me le procurer, il est particulièrement brillant,

Commandant De Plantin de Villeperdrix (Marie-Bénédict-Raymond) né le 29 Octobre 1850 à Pont-Saint-Esprit, de Marie-Louis-Joseph-Gabriel de Villeperdrix et de dame Marie-Joséphine-Zélie de Vanel de Lisleroy. Marié le 25 Mai 1880 à demoiselle Amélie-Eugénie-Marie-Joséphine-Henriette de Balestrier alors domiciliée à Lunel.

Entré au service comme engagé volontaire pour la durée de la guerre le 27 Août 1870, à Arles, au Bataillon de chasseurs à pied.

Chasseur le 31 août 1870.

Caporal le 2 octobre 1870, au 1ᵉʳ Bataillon de marche de chasseurs à pied.

Caporal-fourrier le 16 octobre 1870, à la Fouillouse près St-Etienne (Loire).

A l'armée de la Loire, du 13 octobre 1870 au 17 février 1871.

Sergent-fourrier le 1ᵉʳ Novembre 1870 à Tours.

Sergent le 13 novembre 1870 à Châteaudun.

Sous-lieutenant le 14 décembre 1870 à Vendôme.

A pris part aux combats de Fréteval et en avant de Châteaudun du 4 au 30 novembre, à Patay 2 décembre, à Beaugency le 4 décembre, à Origny le 10 décembre, au Pont de Pezon le 14 décembre.

Est avec la colonne mobile du général de Jouffroy à Montoire le 29 décembre 1870, au Mans le 11 Janvier 1871. Prend part à la retraite sur Laval et la Mayenne.

Va par étapes de Laval à Périgueux, puis de Périgueux à St-Omer (Pas-de-Calais) avec arrêt à Paris au moment de l'occupation par l'armée de Versailles.

1ᵉʳ Bataillon de chasseurs à pied.

Maintenu sous-lieutenant le 27 mai 1873 à Bourges.

Camp d'Avord 1874. A suivi les cours de l'Ecole Régionale de tir du camp de Ruchard 1875.

Embarqué à Toulon pour l'Algérie le 10 mai 1875.

En campagne en Afrique, du 12 mai 1875 au 14 mars 1879.

En détachement à Souk-Ahras 1875.

Vallée de l'Oued-Jedra 1876. En station à Bône. Vallée de la Boudjima et de la Seybouse.

Substitut du Rapporteur près le Conseil de Guerre de Constantine, du 8 juillet 1877 au 16 août 1878.

55ᵉ régiment d'Infanterie (ancien régiment de Condé) Lieutenant le 18 février 1879, à Nimes.

140ᵉ Régiment d'Infanterie. Capitaine le 31 Mars 1886, à Grenoble.

55ᵉ Régiment d'Infanterie par mutation, Capitaine le 25 décembre 1886. Nimes, Marseille.

Chevalier de la Légion d'Honneur, le 29 décembre 1891. Fort de la Rivière 1893. Fort du Mont Agel 1894.

Dans les Alpes. Vallée du Var, la Bévera, La Roya.

Capitaine adjudant-major le 3 avril 1895.

Camp de l'Abadie. Camp de la Sarrée. Camp de Carpiagne, 1895 à 1900.

53ᵉ Régiment d'Infanterie. (Ancien régiment d'Alsace), chef de bataillon le 25 avril 1900. A Tarbes; à Pau; est admis à la pension de retraite par décret du 5 juin 1902, à la date du 5 juillet 1902.

Titulaire de la Médaille coloniale avec l'agrafe « Algérie ».

Par décret du 16 octobre 1902, nommé chef de bataillon dans l'armée territoriale et, par décision ministériel'e du même jour, affecté aux services spéciaux du territoire de la XVᵉ Région.

Par décision ministérielle du 20 février 1903, placé au dépôt du 119ᵉ régiment territorial d'Infanterie pour être affecté au service de garde des voies de communication.

Ordre de mobilisation individuel, février, 1903, est désigné pour diriger le service de garde des voies de communication de St-Privas.

Au milieu des notes que j'ai eues en mains s'est trouvée une petite pièce inédite de notre poète Nimois Jean Reboul. Elle fut écrite au Château de la Blache, résidence d'été des parents du vicomte de Villeperdrix. Elle nous révèle avec quelle urbanité et quelle délicatesse ils recevaient leurs hôtes. A ce titre il me semble qu'elle trouve naturellement ici sa place.

> Merci, doux châtelain et douce châtelaine,
> Sous vos toits fortunés, sous vos ombrages verts
> Mon âme épanouie a vu tomber sa peine,
> Aux exemples pieux que vous m'avez offerts.
>
> Merci de cette grâce aimable et prévenante
> Qui sait parer les dons de l'hospitalité,
> Et de ces entretiens, pleins d'une joie brûlante,
> Qui doublent pour l'exil notre fidélité ;
>
> Et de cette suave et puissante parole,
> Toute imprégnée encor de parfum des lieux saints,
> Qui, du Dieu qui punit et du Dieu qui console,
> Sait si bien sur une âme expliquer les desseins ;
>
> Et de m'avoir montré l'enfant de noble race
> Servant, en simple clerc (1) de lévite à l'autel ;
> Ou vouant sur un roc (2) qui commande l'espace
> Un magnifique hommage à la Reine du Ciel.

---

(1) Ce clerc fut plus tard Monseigneur Gabriel de Plantin de Villeperdrix, Protonotaire Apostolique, Vicaire Général sous Monseigneur Besson, Monseigneur Gilly et Monseigneur Béguinot, qui l'eurent tous en grande estime.

(2) Notre-Dame de la Blachère dont la fête, en septembre, attire chaque année de nombreux pèlerins.

Aussi mon cœur trop plein débordait d'allégresse.
Et quand, le lendemain, vint l'heure du départ,
L'Adieu, même l'adieu, fut exempt de tristesse,
Car je croyais du ciel emporter une part.

Jean REBOUL.

20 Juin 1857.

Le père du vicomte de Villeperdrix, poète à ses heures, répondit par ces strophes charmantes :

Il fut béni du ciel le jour qui, sur nos bords,
O Cygne bien-aimé, te vit plier les ailes ;
Mais visite trop courte au gré de nos transports
Si pour combler nos vœux tu ne la renouvelles.

— Poète, notre ami ! grâces te soient rendues.
Les stances que ta plume a voulu nous tracer,
Vingt et vingt fois par nous elles seront relues :
A relire tes vers pourrait-on se lasser ?

A. DE VILLEPERDRIX.

20 Juin 1857.

Pour ma part, j'ai passé de longues heures qui m'ont toujours paru trop courtes, à lire et à relire ce journal dont je n'ai donné qu'une idée trop imparfaite.

Je comprends qu'il soit conservé dans les archives de la famille comme un de leurs plus chers et de leurs plus précieux joyaux.

Chanoine BONNEFOI.

Vicaire Général Honoraire,

Ancien Président de l'Académie de Nîmes.

*Achevé d'imprimer
le 10 Juillet 1926,
par J. DUMAS,
Imprimeur à Nimes,
6, rue Dumas.*

www.ingramcontent.com/pod-product-compliance
Ingram Content Group UK Ltd.
Pitfield, Milton Keynes, MK11 3LW, UK
UKHW031746170726
13836UKWH00002B/906